COISAS bem legais PARA SER MUITO FELIZ

um livro de...

mr. wonderful*

Texto de acordo com a nova ortografia
Título original: Cosas no aburridas para ser la mar de feliz

Tradução: Rita Fazenda
Revisão: L&PM Editores
Capa e design: Mr. Wonderful
© Das fotos: Getty Images: H. Armstrong Roberts/ Retrofile: 62, 64, 68, 72-73, 74; Martin Barraud: 96-97; Kristin Duvall: 98-99; Paul Edmondson: 94-95; Andrew Hetherington: 104-105; Tom Kelley Archive: 76-77; Ann Marie Kurtz: 100-101; Ilaria Luciani: 90-91; Stuart Miller: 92-93; NBC/ NBCU Photo Bank: 56, 60, 67; Stacey Newman: 85; Vyacheslav Osokin: 102-103; Planet News Archive: 70-71; Deborah Raven: 44-45; Andrei Spirache: 106-107; SSPL: 59; Stockcam: 109, 117; Jun Takahashi: 78; Masaaki Toyoura: 110.
Shutterstock: 31,37; Elzbieta Sekowska: 25.

CIP-Brasil. Catalogação na fonte
Sindicato Nacional dos Editores de Livros, RJ

C221c

Coisas bem legais para ser muito feliz / Mr. Wonderful (Angela Cabal, Javier Aracil); tradução Rita Fazenda. Porto Alegre, RS: L&PM, 2016.
148 p. : il. ; 21 cm.

Tradução de:*Cosas no aburridas para ser la mar de feliz*
ISBN 978-85-254-3235-3

1. Técnicas de autoajuda. 2. Humor I. Cabal, Angela. II. Aracil, Javier. III. Título.

15-20283 CDD: 158.1
CDU: 159.947

---

www.mrwonderfulshop.es
www.muymolon.com

Rua Comendador Coruja, 314, loja 9 – Floresta – 90220-180
Porto Alegre – RS – Brasil / Fone: 51.3225.5777 - Fax: 51.3221.5380

PEDIDOS & DEPTO. COMERCIAL: vendas@lpm.com.br
FALE CONOSCO: info@lpm.com.br
www.lpm.com.br

Impresso no Brasil
Primavera de 2016

COISAS bem legais PARA SER MUITO FELIZ

um livro de...

mr. wonderful*

L&PM EDITORES

Tudo isto num só livro!

À nossa lentilhazinha, para que quando crescer lembre que o mais importante na vida é abrir um enorme sorriso. Obrigado por todos os que você ainda vai nos fazer dar. Estamos certos de que você vai ser o melhor das nossas vidas.

Obrigado ao Rafael e à Maria Ángeles por serem os melhores pais e avós do planeta e de parte da galáxia. Obrigado à Tere por ser um anjo, uma avó de primeira, e por ter sempre uma salada de frutas preparada para que comamos fruta.
Obrigado ao Vicente e à Isabel pelo apoio e pelas deliciosas paellas aos domingos.
Obrigado aos nossos irmãos e cunhados por nos darem os sobrinhos mais espetaculares que podem existir.
Obrigado à Pati por embarcar nessa desde o início. Você vai ser sempre a nossa capitã.
Obrigado ao Manel por ser o nosso guru e por todas as horas de conversas sábias.
Obrigado à Teresa, à Aida, ao Moe, à Nuria, à Silvia e à Maria. Obrigado a todos os que fizeram parte da nossa equipe e aos que continuam a crescer conosco.

. . . . .

Há livros de aventuras e desventuras.
De amores e desamores.
Há livros de príncipes e princesas.
Livros intragáveis e livros que devoramos.
Há livros e livros. E livros não livros.
Depois há os livros felizes e bem legais como o que você tem nas mãos.
Livros que nos apetecem ler porque nos fazem sorrir.
Boa leitura.

1

APROVEITE AO MÁXIMO AS PEQUENAS GRANDES COISAS

FAÇA UM LONGO PASSEIO DE BICICLETA

CANTE "NÃO QUERO DINHEIRO, SÓ QUERO AMAR" EM ALTOS BRADOS

COLOQUE CHOCOLATE NO CAFÉ

POR UM DIA, NÃO CONTE CALORIAS

OBSERVE O MAR POR UM BOM TEMPO

TIRE UMA SONECA DE 2 HORAS

PEÇA UMA SOPINHA À SUA VÓ

PROGRAME UMA FUGIDINHA

RESPIRE AR PURO

SABOREIE ALGO QUE VOCÊ GOSTE MUITO, MUITO, MUITO

COMEMORE QUALQUER PEQUENO SUCESSO

PREPARE UM PIQUENIQUE PARA ALGUÉM ESPECIAL

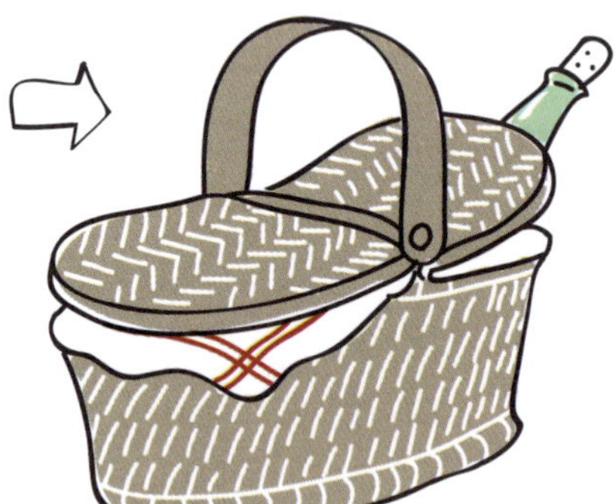

FAÇA UMA VIAGENZINHA RÁPIDA

DESCUBRA UM LUGARZINHO ENCANTADOR

MOLHE O PÃO NO OVO FRITO

DÊ UM MONTE DE ABRAÇOS

TELEFONE A UM GRANDE AMIGO E FIQUE 3 HORAS CONVERSANDO

RELEIA AQUELE LIVRO DE QUE VOCÊ TANTO GOSTOU

TOME UM BANHO RELAXANTE MAIS LONGO QUE O NORMAL

PASSE UMA TARDE VENDO FOTOGRAFIAS **ANTIGAS**

DE VEZ EM QUANDO DÊ UMA DE TURISTA NA SUA CIDADE

VÁ A UM SHOW E SOLTE A VOZ COMO SE NÃO HOUVESSE AMANHÃ

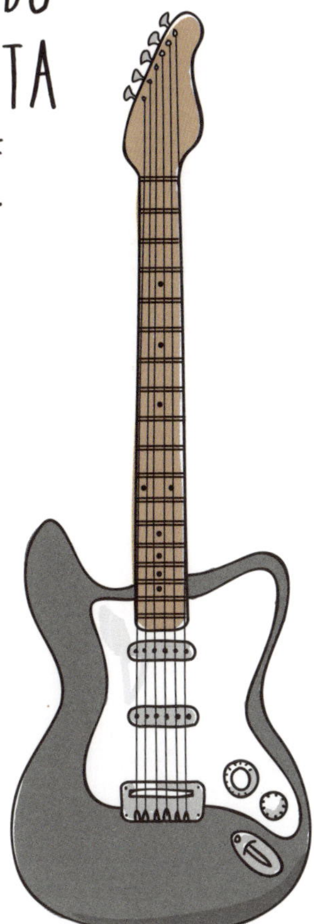

OUÇA UMA MÚSICA
DE QUE VOCÊ GOSTA,
NO MODO REPEAT,
32 VEZES SEM PARAR

DÊ UM PRESENTE A
ALGUÉM POR NENHUMA RAZÃO
SÓ PORQUE DEU VONTADE

MANDE ALGUÉM PLANTAR BATATA

ENCHA-SE DE PIPOCA COMO SE ESTIVESSE NO CINEMA

MEXA AS PERNAS E SINTA-SE BEM

ENFIE-SE NA CAMA COM LENÇÓIS LIMPOS

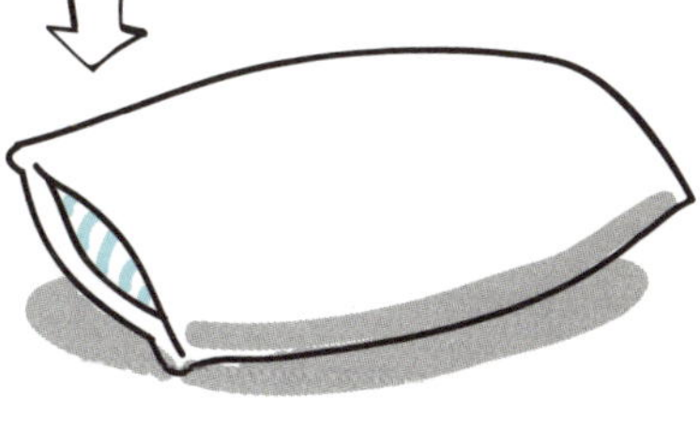

FESTEJE TUDO O QUE HÁ PARA FESTEJAR

②

~~ERRE~~

E
APRENDA
A SE PERDOAR.

Muitas vezes, o melhor da vida acontece graças aos erros. Eles são os empurrões que nos fazem chegar a lugares onde nunca pensamos ir.

Erros de todos os tipos: pequenos, médios e que não caberiam na sala. Erros que fazem você chorar como uma criança ou que o deixam vermelho de raiva. Erros irritantes mas necessários que podem vir a mudar o rumo da nossa vida.

São os erros que nos fazem grandes, enormes. E nos tornam sábios, muito sábios. Aprendemos mais com os erros do que com os acertos.

Errar é realmente muito útil.

E É ISSO QUE O
LEVARÁ A LUGARES ONDE

VOCÊ
NUNCA
IMAGINARIA IR

Comece metendo os
pés pelas mãos

SÉRIO,

É O

QUE PODE

ERRAR
MELHOR
ACONTECER.

Isto é uma página em branco errada.

Tá vendo? E não aconteceu nada, o mundo continua girando.

AO
ERRAR,
LEMBRE-SE SEMPRE
SEMPRE, SEMPRE
DO SEGUINTE:

- [x] Você precisa se reerguer uma, duas, três vezes. Para o alto, e avante!
- [x] Não se sinta estúpido. Sinta-se capaz de tentar novamente.
- [x] O mundo precisa de mais gente sem medo de errar. Você é um corajoso equivocado.
- [x] Dentro de alguns anos, você vai lembrar do que foi capaz de fazer e não do que não fez por medo.
- [x] Não errar transformaria você num ser totalmente chato e sem sal. :-(
- [x] Se errar, parabéns: você tentou.
- [x] Faça um brinde ao que você aprendeu.

3. Seja você mesmo

seu jeito.

Uma das coisas mais difíceis na vida é a gente
se aceitar como a gente é. Há quem seja
mais baixo ou mais alto. Há quem esteja sempre
de bom humor e há os resmunguentos.

VOCÊ É COMO É,

mais gordinho do que quem está à sua direita,
mas mais alto do que quem está à sua esquerda.
Não vale a pena perder tempo pensando
como você seria se fosse outra pessoa.

CURTA O SEU **EU**.
ACEITE QUE VOCÊ NÃO
É PERFEITO.
VALORIZE SUAS PECULIARIDADES,
SÃO ELAS QUE
FAZEM DE VOCÊ UM SER ÚNICO.

sou careca, mas
quem te dera ter a
minha barba, bonitão

EU SOU

A VIDA E
E VOCÊ

(SE FOR PRECISO, TATU

MAS DEIXE D

TACULAR

UMA SÓ
É UM SÓ

SE COM ISSO,
BOBAGENS)

AME-SE
· MUITO ·

NÃO HÁ NINGUÉM COMO VOCÊ

PORQUE:

NINGUÉM CONTA PIADAS TÃO MAL COMO VOCÊ

NINGUÉM FAZ UM PUDIM COMO VOCÊ

ESSA BLUSA PRETA QUE DISFARÇA AS GORDURINHAS LHE CAI SUPERBEM

PORQUE NINGUÉM TEM UMA AVÓ COMO A SUA

NINGUÉM TEM UM SOTAQUE MAIS ESTRANHO
QUE VOCÊ AO FALAR INGLÊS

OK, VOCÊ NÃO TEM
BARRIGA DE TANQUINHO,
MAS NINGUÉM
TE BATE NO BANCO
MOBILIÁRIO

PORQUE
QUEM
TE AMA
TE AMA MUITO
PELO QUE VOCÊ É,
NÃO PELO QUE VOCÊ NÃO É

NINGUÉM SE EMOCIONA COMO
VOCÊ AO OUVIR OS ROLLING
STONES

NÃO HÁ NINGUÉM COMO VOCÊ

PORQUE VOCÊ É ÚNICO

SEJA
VOCÊ MESMO,
TODAS AS
OUTRAS PERSONALIDADES
JÁ TÊM DONO

-Oscar Wilde-

Se depois de tudo
isto, você continua se achando
um verme rastejante,
por favor releia o capítulo
1.987.987 vezes, ou
quantas forem necessárias,
para enfiar na cabeça
que, para ser feliz,
é preciso gostar de si
mesmo.

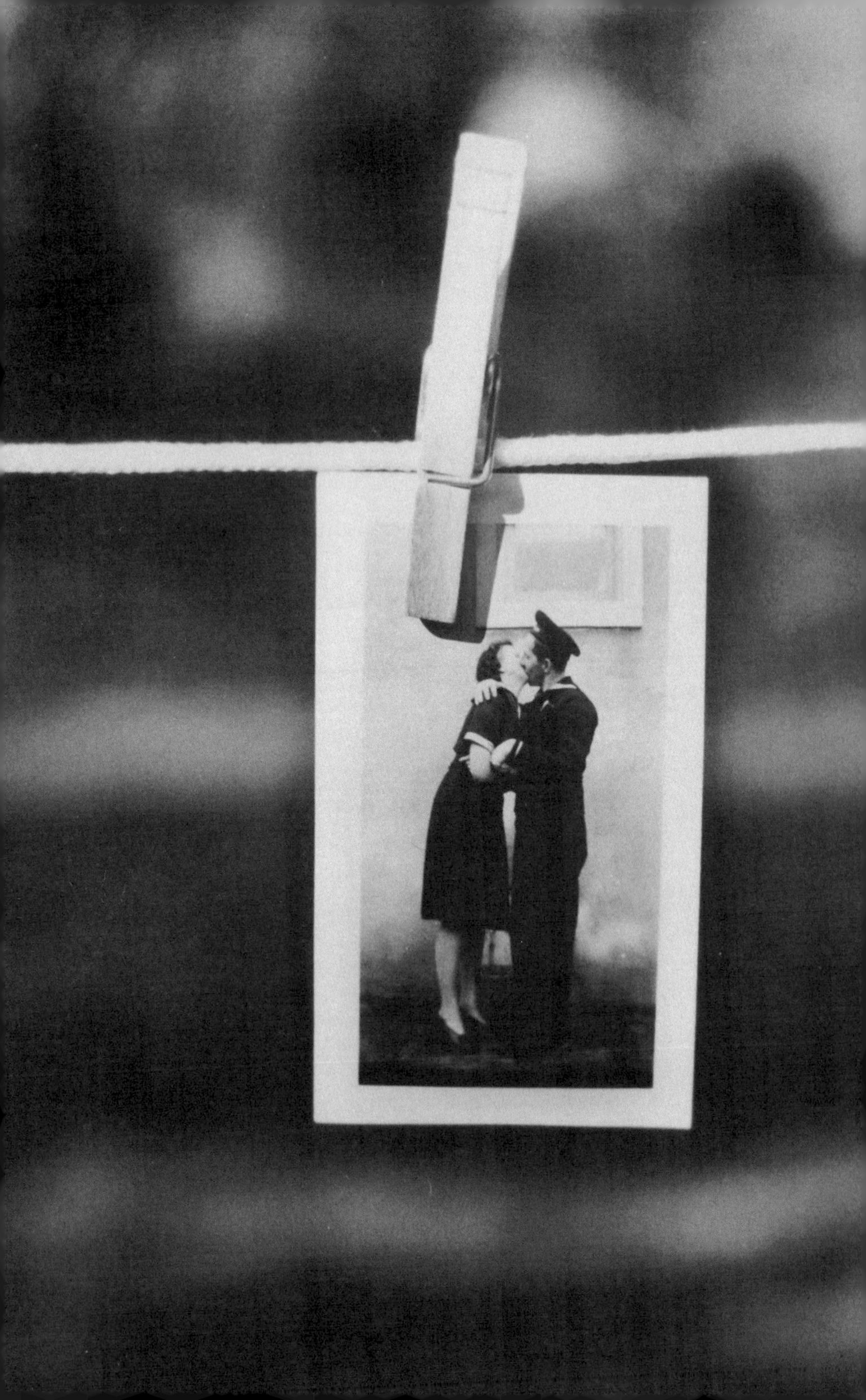

4. AME COMO SE NÃO HOUVESSE AMANHÃ

O AMOR É FELICIDADE
EM ESTADO PURO

O AMOR, SEM DÚVIDA,
É O MELHOR DA VIDA...
QUANDO O AMOR CHEGA NADA
PODE DETÊ-LO – E NEM A VOCÊ.

O AMOR
NOS TORNA
·ÚNICOS·

O AMOR É COMEMORAR
O GOL QUE VIRA O PLACAR

O AMOR É O REFRÃO DA
SUA MÚSICA PREFERIDA.

O amor

... é ...

UM

CAFÉ

às OITO DA

MANHÃ de uma SEGUNDA-FEIRA

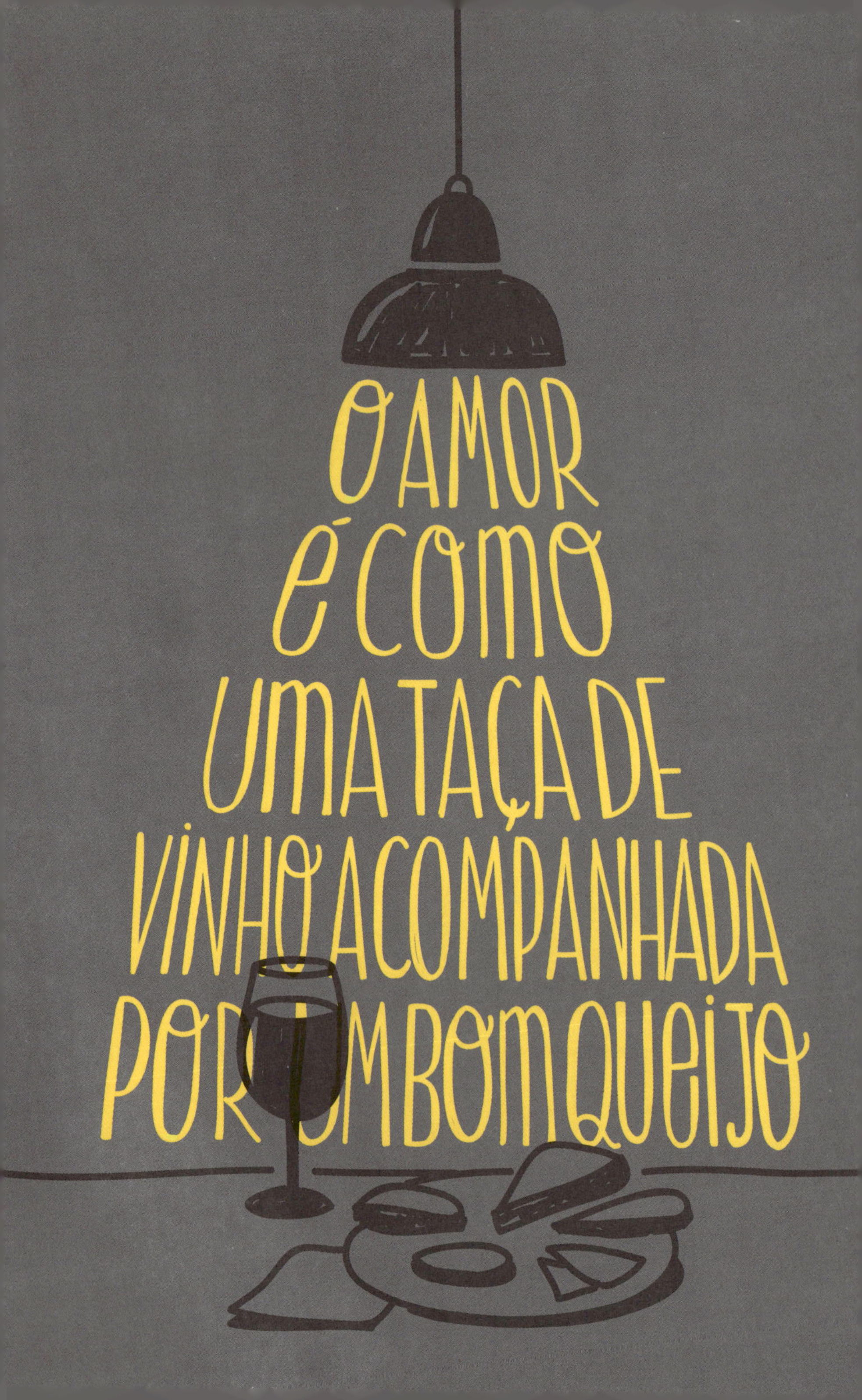
O AMOR
É COMO
UMA TAÇA DE
VINHO ACOMPANHADA
POR UM BOM QUEIJO

O AMOR É UM MERGULHO NO MAR EM PLENO VERÃO

O AMO
GRANDE QU
NESTAS

R É TÃO

E NÃO CABE

PÁGINAS

5.
DEDIQUE MAIS TEMPO AO QUE FAZ VOCÊ REALMENTE FELIZ

NÃO SEJA UM PORRE
E PASSE TEMPO
COM OS SEUS.
ELES VÃO LHE AGRADECER
E VOCÊ VAI SE SENTIR
MUITO MELHOR.

SE EM ALGUM MOMENTO VOCÊ
SE SENTIR ESTRESSADO E DE MAU HUMOR,
PONHA UMA MÚSICA DANÇANTE
E BOTE PRA QUEBRAR.

Welch's Junior Mints
Welch's Junior Mints
29
29
25
29
EXP. DATE

ESTABELEÇA METAS
E CUMPRA-AS.
DÁ TRABALHO,
MAS A RECOMPENSA
SERÁ DOCE.

Passeie.
Aproveite seu
tempo livre com
suas companhias
favoritas.

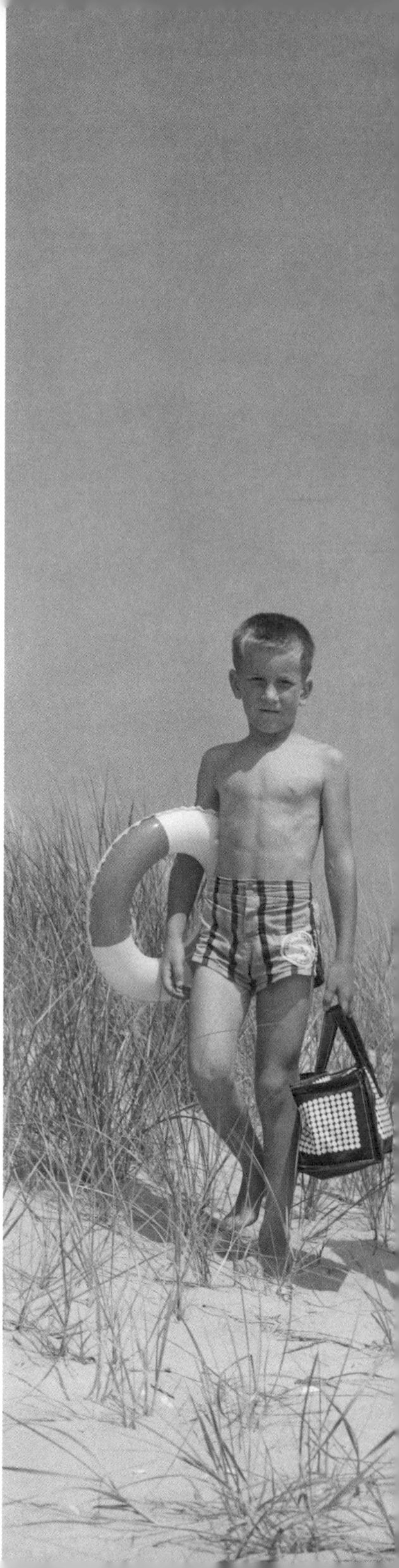

QUANDO PRECISAR DE AJUDA, PEÇA E DEIXE QUE O MIMEM BASTANTE.

MANY

QUANDO ALGUÉM PRECISAR DO SEU APOIO, NÃO HESITE EM OFERECÊ-LO DE CORAÇÃO.

TELEFONE AOS AMIGOS DE TODA A VIDA E NÃO SE ESQUEÇA DE ONDE VOCÊ VEIO E PARA ONDE VAI.

FIQUE LONGE
DAS CHATICES
E DAS MÁS VIBRAÇÕES.
CONCENTRE-SE EM VIVER
DO SEU JEITO.

SÉRIO,
NÃO LEVE
A VIDA
A SÉRIO DEMAIS
E TENHA PRAZER COM
AQUILO QUE VOCÊ
FAZ E COM QUEM O FAZ.

6. SEJA VALENTE
E VÁ EM FRENTE

SER VALENTE NOS
DIAS DE HOJE NÃO É SE SENTIR
UM TARZAN E LUTAR
CONTRA TIGRES E SERPENTES.

SER VALENTE NOS DIAS
DE HOJE NÃO É SALTAR DE
PARAQUEDAS, NEM ATRAVESSAR RIOS
NEM SELVAS À CAÇA DE CROCODILOS.

SER VALENTE, AMIGO,
NÃO É SER UM POWER RANGER.

SER VALENTE NÃO
SIGNIFICA NÃO TER MEDO.

VALENTE é aquele que
ADMITE QUE TEM MEDO

VALENTE É AQUELE
QUE OUSA · QUE SEGUE EM FRENTE ·
aquele que arrisca
— E SE EMPENHA TOTALMENTE —

VALENTE É AQUELE QUE
mesmo que dê tudo errado
SORRI PARA · A · VIDA

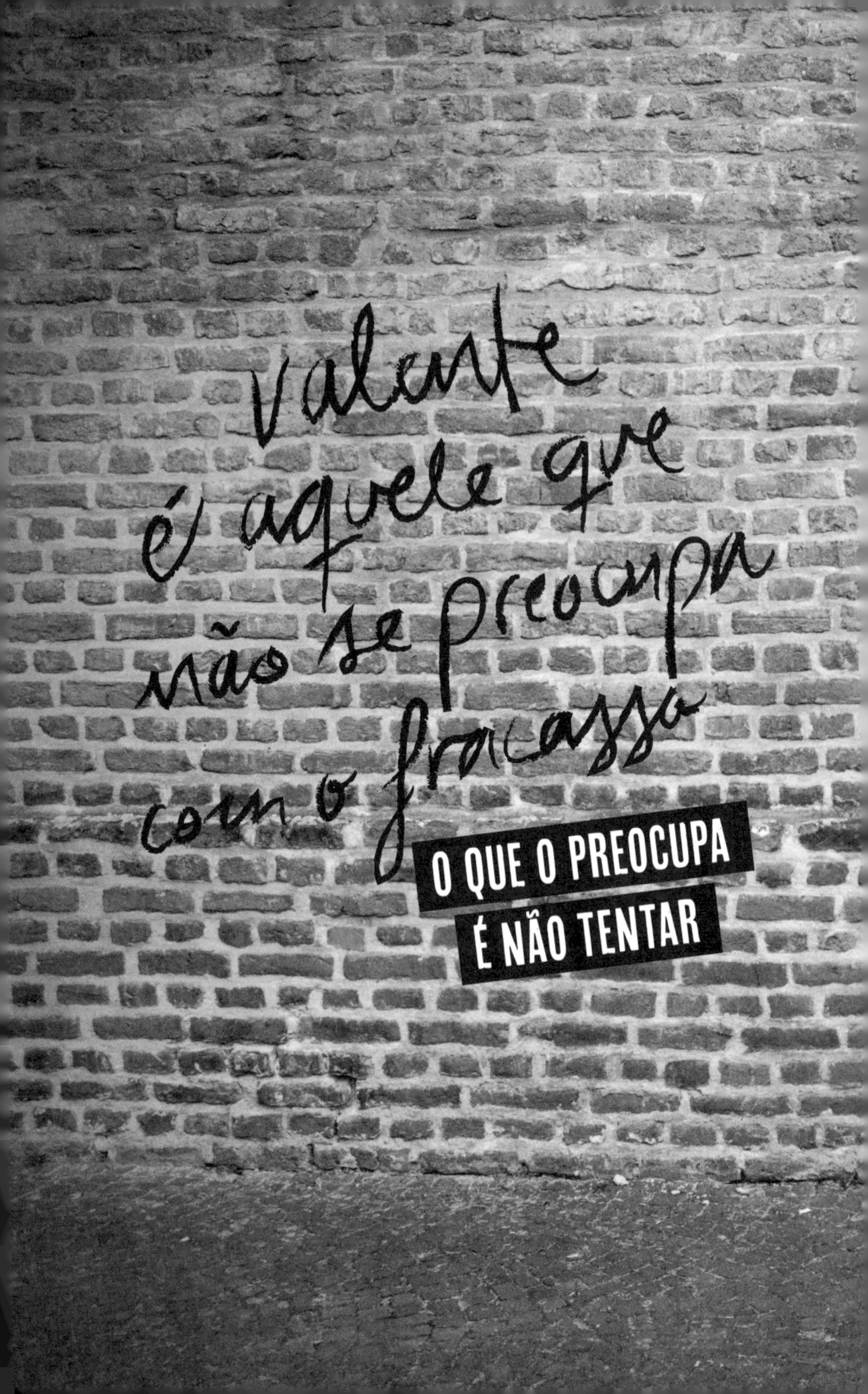
valente
é aquele que
não se preocupa
com o fracasso
O QUE O PREOCUPA
É NÃO TENTAR

O MUNDO
DE MUITO
QUE SEJA

PRECISA
MAIS GENTE
VALENTE

7.

De vez em quando, faça o que lhe der na telha.

Relaxe e afunde-se

NO SOFÁ

VIAJE sem VIAJAR

Olhe
O HORIZONTE
E PENSE EM TUDO DE BOM
QUE AINDA ESTÁ
Por vir

·MEXA-SE·
ESTÁ NA HORA DE FAZER
AQUILO
QUE ALGUNS DIZEM
QUE VOCÊ NÃO É CAPAZ

Respire fundo
e corra atrás de
seus sonhos

Deixe-se perder

em algum lugar

Paradisíaco

e beba

caipirinhas

OU EM ALGUM LUGAR
ONDE ESTEJA UM FRIO
DE RACHAR.

MAS PERCA-SE,
POR FAVOR.

SORRIA PARA O MAU TEMPO

E NUNCA

NUNCA, NUNCA

DEIXE DE

APRENDER

capítulo 8

Ria muito e, se for de você mesmo, melhor ainda

EXISTEM
UM MILHÃO E MEIO
DE RAZÕES PARA
RIRMOS DE
NÓS MESMOS.

Se você não quer
sofrer à toa nem fugir de seus defeitos
- que o tornam único -

Mesmo assim não custa
Ler
este capítulo curtinho

Você vai se sentir
FANTÁSTICO

RAZÕES

PELAS QUAIS É BOM RIR

1\.

PORQUE LIBERA
ENDORFINAS
BARATO
·SEM FIM·

2\.

PORQUE
VOCÊ AINDA PODE FICAR COM
A BARRIGA
COMO A DO NEYMAR

3\.

PORQUE – TODOS – TEMOS
· UM · LADO BOBO

- E NÃO DEVEMOS -
TER MEDO DE
MOSTRÁ-LO

4. PORQUE DÁ **ENERGIA** PARA ENFRENTAR O DIA

5. PORQUE QUANDO AMAMOS NOSSO LADO BOBO, TUDO FUNCIONA MELHOR

6. PORQUE AJUDA A QUEIMAR CALORIAS
- MENOS ACADEMIA
- E MAIS RISADAS

7. PORQUE O STRESS FAZ **MUITO MAL** - E RIR VAI REDUZI-LO -

8. PORQUE QUANDO SE ESTÁ BEM-DISPOSTO SE É MUITO MAIS PRODUTIVO

9. PORQUE VOCÊ PASSOU 3 ANOS - COM APARELHO ORTODÔNTICO E TEM DE MOSTRAR - ESSA BELA DENTADURA

10. 1 2 3 PORQUE A VIDA É MUITO CURTA. XÔ, MAU HUMOR!

11. PORQUE VOCÊ FICA MUITO MAIS SEXY

POR QUE TEMOS DE FAZER COISAS TOLAS E NOS ORGULHAR DELAS?

PORQUE SE NÃO FIZÉSSEMOS COISAS TOLAS nunca se faria NADA INTELIGENTE

– Ludwig Wittgenstein –

dê flores a você mesmo,
porque você merece

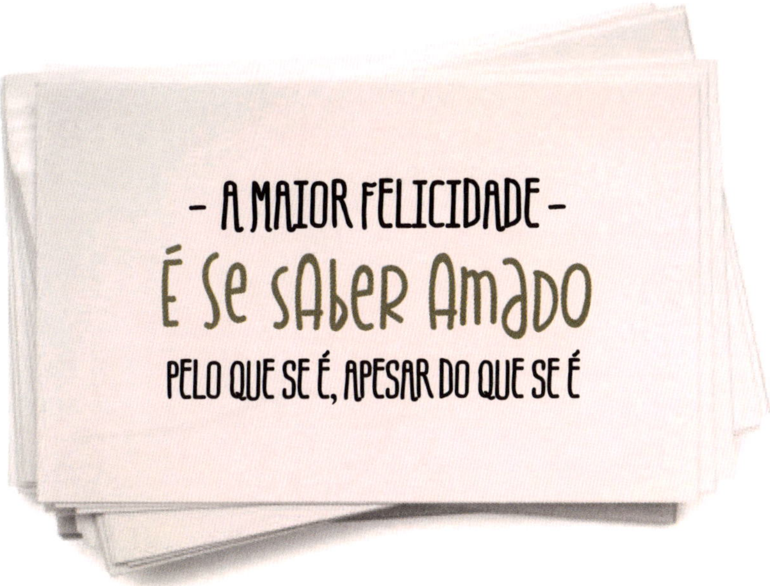

Esta frase espetacular não é nossa. É de Victor Hugo.

CAPÍTULO 9.

ORGANIZE SUA VIDA E DEPOIS VIRE-A DE PERNAS PRO AR.

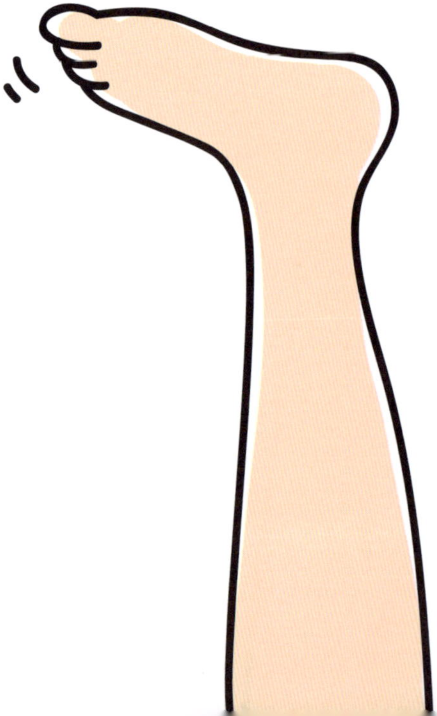

E PARA AJUDAR VOCÊ A ORGANIZÁ-LA, USE ESTES ADESIVOS BACANÉRRIMOS E COLE-OS NA AGENDA, NO CALENDÁRIO, E, SE PRECISO, NA TESTA.

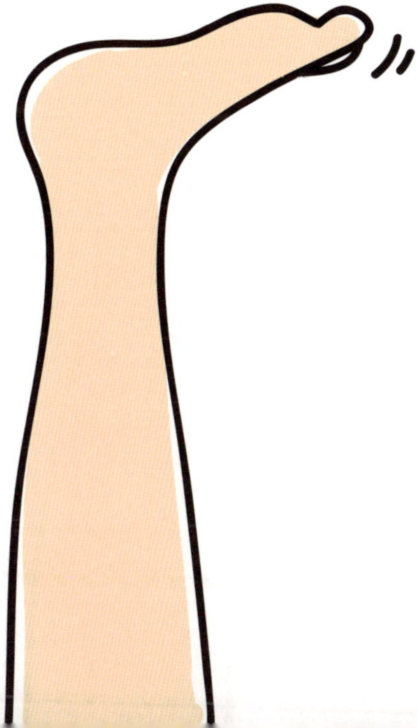

SE NÃO TENTAR,
VOCÊ NUNCA VAI CONSEGUIR

VAI DAR TUDO CERTO

VOCÊ PODE
COM TUDO

VENCIDA

A SEGUNDA-FEIRA

VENCIDA A SEMANA

MUITO BEM!

·todo·
mundo
tem dias ruins
Ânimo!

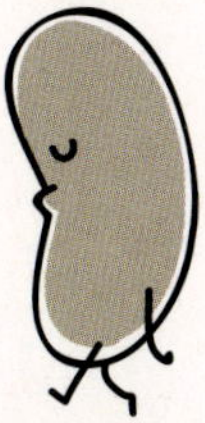

COISAS SUPER
IMPORTANTES QUE
TENHO DE FAZER:

ora, bolas!
EU FAÇO ISTO
EM UM INSTANTE

NÃO
se esqueça:

LISTA DE COMPRAS

Feliz aniversário
Você está melhor a cada ano!
Faça um desejo
Porque você é um
cara fantástico
MUITAS FELICIDADES
MÃE DO MEU CORAÇÃO,
TE AMO DE MONTÃO!
Porque você é uma
garota fantástica
MAIS UM ANO JUNTOS
VOCÊ VALE MAIS
QUE UM MILHÃO!

Você roubou meu coração
VOCÊ É
o melhor
PARA MIM
você é
uma
uva
te amo
ATÉ O INFINITO E MAIS ALÉM
VOCÊ É UM AMOR
juntos é melhor
COM VOCÊ
a vida é maravilhosa
SMAAACK!

FAÇA TUDO COM ENTUSIASMO

HOJE vai ser um DIA inesquecível

HOJE O SOL VAI BRILHAR

HOJE VAI SER UM DIA FANTÁSTICO

DEPOIS da tempestade aparece SEMPRE o arco-íris

VAI SER TUDO UMA MARAVILHA

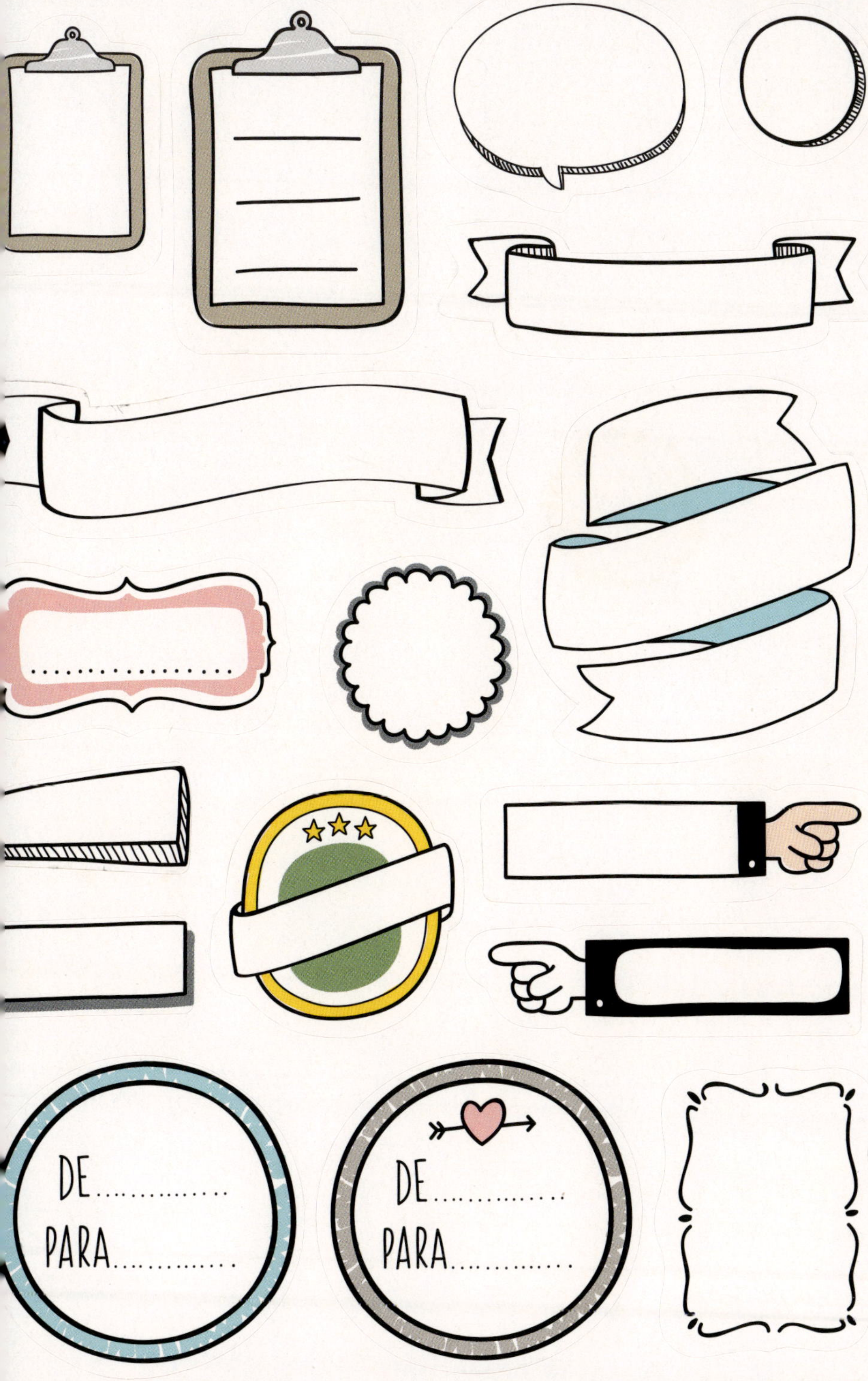
DE..............
PARA..............
DE..............
PARA..............

10. MESMO QUE A COISA ESTEJA MAIS PRETA QUE CARVÃO

SEJA OTIMISTA

assim você vai conseguir ser feliz

RECORTE

A PÁGINA

DE QUE VOCÊ MAIS PRECISA

E COLE-A

NUM LUGAR ONDE

A VEJA TODOS OS DIAS.

HOJE VOCÊ PODE SER UM POUCO MAIS FELIZ

sorria mais
e queixe-se
menos

até para o
chato do seu chefe

HOJE VOCÊ PODE SER
UM POUCO MAIS FELIZ

erre

todos os
erros têm
solução

HOJE VOCÊ PODE SER UM POUCO MAIS FELIZ

o que é seu...

está guardado!

HOJE VOCÊ PODE SER UM POUCO MAIS FELIZ

atreva-se a

se perder

é a única maneira

de encontrar

outros caminhos

HOJE VOCÊ PODE SER UM POUCO MAIS FELIZ

se você não tem um sonho

será difícil alcançá-lo

HOJE VOCÊ PODE SER
UM POUCO MAIS FELIZ

o seu tempo
vale milhões

não o perca
com alguém
que não merece
nem um segundo

HOJE VOCÊ PODE SER UM POUCO MAIS FELIZ

se for para ser, será

porque você é o cara

HOJE VOCÊ PODE SER UM POUCO MAIS FELIZ

no final
aparece sempre
o arco-íris

é só esperar
a chuva passar

HOJE VOCÊ PODE SER
UM POUCO MAIS FELIZ

se você quer
uma omelete

é preciso quebrar
os ovos

HOJE VOCÊ PODE SER
UM POUCO MAIS FELIZ

por mais
tortuoso que seja
o caminho

nossa vida
será redondinha